LOS LIBROS SECRETOS DE

W.i.t.c.h.

Will Irma Taranee Cornelia Hay Lin

100 brujerías para encontrar tu propio estilo

W0375281

EDICIONES Gaviota

Título original: *Cento magie per trovare il tuo stile.*

2004 EDICIONES GAVIOTA, S. L.
Manuel Tovar, 8
28034 MADRID (España)
ISBN: 84-392-0517-1
Depósito legal: LE. 912-2004

Printed in Spain - Impreso en España
Editorial Evergráficas, S. L.
Carretera León - La Coruña, km 5
LEÓN (España)

Índice

capítulo uno

El *look*, ese desconocido

LAS W.I.T.C.H.

Viernes por la tarde, en la redacción del *Sheffield News*

C: ¿Sabéis? Estoy un poco nerviosa por lo de esta tarde...

W: ¡Bueno, veremos qué pasa!

I: Vamos a entrevistar a la mítica Alisha Flash, la creadora de la línea *Young&Trendy*..., ¡que viste incluso a Karmilla!

T: A propósito, ¿no convendría que preparásemos algunas preguntas?

I: Yo no lo necesito; ¡en el tema del *look* estoy puestísima!

C: Hum... ¿Estás totalmente segura? Yo tengo algunas dudas...

I: Más que dudas, lo que tú tienes es...

¡la lengua muy larga!

C: Cuidado con lo que dices, Miss-*Look*-Imposible.

Sonrisas W.I.T.C.H.

Soluciones divertidas a todas tus dudas

Quiero tener un *look* que exprese realmente cómo soy por dentro. ¿Qué hago?

Ponte una camiseta con tu radiografía estampada.

¿Qué ropa es la mejor para disimular lo que no me gusta?

La escafandra de buzo.

Me visto según mi humor, y hoy estoy contenta. ¿Qué me pongo?

Un traje de payaso.

¿Cómo se sabe si un vestido es de buen gusto?

Dale un mordisco antes de ponértelo.

I: Mira quién fue a hablar. ¿Piensas realmente que estás guapa con ese aspecto siempre tan «arregladito»?

C: Pues estoy mejor que tú, con ese estilo de «me pongo lo primero que veo».

I: Pero yo voy...

W: Eh, chicas, basta ya. Dejad de discutir, al menos hoy...

T: ... entre otras cosas, porque sólo falta media hora para la entrevista, y si no nos movemos llegaremos tarde, ¡como unas perfectas primerizas!

A las cinco en punto, las W.I.T.C.H., vestidas de *Young&Trendy*, entran en la tienda de Alisha Flash

Alisha: Hola. Es un placer conoceros. Me habían dicho que en Heatherfield las chicas eran monísimas, pero no imaginaba que tanto...

I: Gracias, dicho por ti es un cumplido que vale el doble.

C: [Irma, siempre igual. Hace sólo tres segundos que estamos aquí, ¡y ya está hablando de ella!]
Discúlpela, señora Flash, es la emoción...

A: Por favor, no me trates de usted. Prefiero que me tutees.

W: De acuerdo..., Alisha. ¿Comenzamos con las preguntas?

A: OK.

I: ¿Qué piensas de mi *look?*

Inmediatamente, las otras chicas dirigen a Irma una mirada asesina

I (en tono enojado): ¿Qué he dicho de malo? ¿No queríamos la opinión de una experta en la materia?

A (riéndose): Calma, chicas. A vuestra edad yo también era como Irma; no podía estar callada cuando algo me interesaba mucho.

I: ¿Veis?

T: Ejem, entonces, empezamos; Alisha, ¿qué es el *look* para ti?

A: Literalmente, es tu manera de mostrarte; puede ser informal, clásico, elegante, deportivo...

I: ¿Y no significa también ir a la moda?

A: Sí y no. La moda es una industria como las demás, pero en lugar de fabricar coches o bicicletas produce ropa, complementos y demás, que cambian según la temporada, el diseñador, etc. Por ejemplo, yo me he hecho famosa por mi línea para jovencísimas; una mezcla de prendas de *sport* y ropa muy femenina...

C: Sí, pero entonces, el *look*...

A: *El «look» es tu manera de llevar e interpretar la ropa..., sin importar su estilo.*

Apuntes e ideas

Tu *look* es «adecuado» si...

- Al mirarte al espejo te sientes «a tu gusto».
- Se adapta a las situaciones más diversas (desde la boda de una prima a una tarde de cine).
- Resalta tus virtudes y disimula esos «defectillos».
- Se inspira en las tendencias de la moda, sin seguirlas con obsesión.
- No es necesario que la ropa sea de marca para sorprender.
- Es tu única, inconfundible y especialísima manera de presentarte al mundo.

I: Por tanto, ¿para tener un *look* no es necesario llevar ropa «de firma»?

A: Bueno, como empresaria os respondería que sí, pero como estilista os digo que no basta...

Lo importante es sentirte tú misma, te pongas lo que te pongas.

W: A ver si lo he entendido: ¿estás diciendo que no existe EL *look* idóneo para todos, sino que CADA *look* puede ser idóneo?

A: Exacto.

El «look» es siempre y sólo una cuestión de personalidad. Debemos guiarnos por nuestros gustos... y sentirnos libres de adoptar el estilo que queramos. La ropa «de firma y a la moda» no es indispensable, porque el verdadero toque que te hace diferente es la imaginación...

H: Increíble. Siempre lo he pensado, si no tienes gusto y no sabes crearte un *look* propio, tener ropa de marca no sirve de nada.

A (riéndose): Claro..., ¡exceptuando la mía!

I: Una última pregunta: ¿en qué te inspiras para diseñar tu ropa?

A: ¿Queréis saberlo realmente?

W, I, T, C, H (a la vez): Pues... ¡claro!

A: Estudio con atención... a las chicas como vosotras. O sea, a las que tienen personalidad y saben dar un toque especial a lo que se ponen.

I: ¿Quieres decir que podrías crear una «línea Irma», por ejemplo?

A: Sí, pero sería aún mejor mezclar los estilos de todas vosotras e inventar uno nuevo.

W: Bueno, si lo haces alguna vez, podrías llamarlo *Witch look*...

A: Bonito nombre. Esperad, que lo anoto.

C: ¡Un momento! ¿Qué va a pasar con los derechos de imagen?

A: Os los pagaré... ¿en ropa?

I: Vaya..., ¡trato hecho!

capítulo dos

Se busca *look* desesperadamente...

LAS W.I.T.C.H.

Jueves por la tarde, en casa de Cornelia

C: Ahora que hemos terminado con las matemáticas, ¿pensamos qué nos ponemos el sábado para la fiesta de Julie?

W: ¡Glub! ¡No tengo ni idea!

C: Venga, Will, no pensarás ponerte la primera camiseta que encuentres en el armario.

W: Bueno, más o menos... ¿Acaso crees que a Julie le va a molestar?

C: Hum..., ya sabes lo obsesionada que está con la moda. Todos van a ir a la fiesta muy elegantes... Está claro que nadie te va a decir nada, pero si no te arreglas un poco, quizá te miren mal. Hay Lin no le da importancia a esas cosas; es más, se divierte sorprendiendo a todos con sus «efectos especiales», pero...

W: ... yo no tengo la misma seguridad que ella. Y tampoco su ropa; aunque sea rara, a ella le sienta de maravilla. En cambio, yo...

C: Tú eres fantástica, Will. Sólo tienes que encontrar algo que sea adecuado para esta ocasión un poco especial.

W: Sí, ¡como si fuera fácil! ¿Tú sabes qué te vas a poner?

C: Si te digo la verdad, me gustaría ponerme algo elegante...

En ese momento llega la madre de Cornelia con un paquete

El corazón de KANDRAKAR te dice que...

En ciertas situaciones es necesario presentarse con un *look* cuidado y un poco «especial». Si crees que tu armario no está a la altura de las circunstancias, puedes tener la tentación de renunciar, así evitas cualquier complicación, pero corres el riesgo de perderte una ocasión que podría ser única y divertlda.

Tómatelo como un juego y un reto; busca en los armarios, pide ayuda a tus amigas, a tus hermanas, a tu madre..., hasta que encuentres algo, aunque sea una mínima cosa que te haga sentirte «súper».

Y no olvides que el «complemento» más importante está dentro de ti; lo que te hace realmente única y especial es tu personalidad, tu carácter.

Madre: Cariño, te traigo una sorpresa. No he podido resistirme, parecía hecho a propósito para ti...

C (abriendo el paquete): ¡Un vestido nuevo! ¡Es precioso! ¡Gracias, es el que necesitaba para la fiesta del sábado! ¡Es perfecto!

W: ¡Con todos esos velos verdes y azules causarás sensación!

C: Bien, ahora podemos centrarnos en el problema de tu *look*, Miss Vandom. Vamos a ver si hay algo bonito en mi armario que puedas ponerte.

W: Gracias, Corny, pero... podría pasarme toda la tarde probándome tu ropa, aunque ya sé que puesta en mí quedaría totalmente distinta. Así que...

C: ¡¿Que qué?!

W: Prefiero mis queridas sudaderas. Además, se me ha hecho tarde, mi madre habrá vuelto ya. Me voy volando.

C: Entonces..., hasta mañana. Si quieres que te preste algo, dímelo.

De camino hacia su casa, Will se encuentra con Irma

I: Hey, Will, vaya cara. Déjame adivinar: la tarde de matemáticas con Cornelia...

¡te ha dejado KO!

W: Sí, pero el problema no son las matemáticas, sino la fiesta de Julie; no sé qué ponerme.

I: ¿Y eso te parece un «problema»?

W: Claro. ¿Cómo voy a presentarme en una fiesta «superfashion», si en mi armario sólo hay pantalones, camisetas y sudaderas? Corny tiene un guardarropa inmenso para elegir y, además, todo le sienta bien, mientras que yo... ¡parezco un adefesio!

I: Pues a mí me encanta tu forma de vestir. Desde luego, Cornelia es más elegante, pero tú tienes otro estilo, así que es imposible compararos. A veces ella lleva puestas cosas que me gustan mucho, pero me digo: si yo me las pusiera..., ¡dejaría de ser Irma!

W: Puede ser..., pero yo estoy a punto de no ir a la fiesta, y se acabó.

I: ¡¿Bromeas?! Va a ir Matt... ¡No puedes faltar! Anda, te acompaño a tu casa y revisamos tu armario... ¡Tal vez se nos encienda una lucecita!

W: Vale, probemos.

Más tarde, en casa de Will...

W: Hola, mamá.

Madre: Hola, cariño..., hola, Irma. ¿Estáis de «misión deberes»?

I: Sí, pero no escolares... Voy a ayudar a Will a encontrar el *look* adecuado para la fiesta del sábado.

Madre: ¿Por qué no probáis a echar un vistazo en mi «archivo»?

I: ¿«Archivo»?

W: Es el baúl donde guarda la ropa de cuando era joven; una pena...

I: Pues parece interesante. Estoy deseando darle un repaso.

Al rato, Irma y Will están literalmente sumergidas en un montón de ropa

WITCHARIO

CINCO REGLAS PARA «ESTAR A LA ALTURA»... SIN ROMPER CON TU LOOK

I: Me adapto a cualquier estilo... siempre que sea cómodo.

W: Nunca renuncio a un pequeño «toque deportivo».

I: ¡Will, esto es un auténtico tesoro! ¡Mira estos pantalones de campana!

W: Sí, no están mal..., pero seguro que a mí no me sientan bien.

I: ¡Pues seguro que a MÍ me sientan de maravilla! ¿Crees que tu madre me los prestaría?

W: Claro que sí. Vamos a preguntárselo...

I: ¡¡¡Espera-espera-espera!!! Mira lo que he encontrado... ¡Una increíble minifalda de piel! Prometo que si no te la pones para la fiesta de Julie; ¡no te vuelvo a dirigir la palabra!

C Busco un detalle original que combine con el vestido.

T Procuro ponerme un complemento étnico, aunque sea diminuto...

H Mezclo varios estilos... ¡con total libertad!

W: Déjame ver... No me queda mal, pero no sé..., no me siento a gusto. Quiero hacer una prueba; no te muevas de aquí, vuelvo en seguida.

Will regresa poco después...

I: ¡¡¡Vaya!!! No me lo puedo creer, ¡estás «rompedora»!

W: Es que me faltaba un «toque Will»...

I: Has hecho bien; la mini te queda perfecta con tus katiuscas y tu querida sudadera roja. Sigues siendo tú, pero en versión... ¡SÚPER!

W: Y eso no es todo... También tengo una buena noticia para ti: ¡mamá te presta los pantalones de campana!

I: ¡Fantástico! ¡Fiesta de Julie: allá vamos Will & Irma, únicas, inimitables y... supermaravillosas!

capítulo **tres**

¡Yo también lo quiero!

LAS W.I.T.C.H.

Miércoles por la mañana, en el instituto, durante el recreo

Janine: Hey, ¿habéis visto a Lauren? ¡Lleva unas gafas de sol fantásticas!

I: Caramba, es verdad; ¡son geniales!

J: La verdad es que Lauren es siempre...

¡superestilosa!

I: Sí... Lo malo es que esas gafas cuestan más de un año de paga.

T: Anda ya. Dime que es broma.

I: No, te lo aseguro... Las he visto en una revista de moda de mi madre, tienen un precio astronómico.

Sonrisas W.I.T.C.H.

Soluciones divertidas a todas tus dudas

¿Cómo puedo evitar gastar demasiado dinero en ropa?
Lleva siempre en la cartera una foto de tu padre.

Busco complementos elegantes, pero no los quiero de firma. ¿A quién me dirijo?
A un diseñador analfabeto.

Me encantan esos zapatos, pero son demasiado caros para mí, ¿qué hago?
Cómprate uno solo.

¿Cómo impedirle a un «esclavo de la moda» comprarse una camisa modernísima?
Poniéndole antes otra: la de fuerza.

T: Bah, me parece un poco absurdo; son unas gafas maravillosas, no digo que no... Pero un año de paga es muchísimo; ¡no podría comprarme nada más!

J: Yo las veo irresistibles. Y son de Optikeeds, la marca «joven» más famosa del momento.

T: Nunca la había oído...

J: Claro, es nueva de este verano..., pero ya se ha impuesto en los mejores ambientes.

T: Ah, bueno...

Más tarde, Irma está almorzando en casa de Janine

J: Papá, ¿te acuerdas de cuando renuncié a salir con mis amigas para ayudarte en la tienda?

Padre: Sí, claro.

J: ¿Y recuerdas que dijiste que me harías un buen regalo?

P: ¿Eso dije? Entonces veamos..., ¿qué quieres?

J: He visto unas gafas maravillosas; son de Optikeeds, tienen una montura fantástica, los cristales violeta...

P (riéndose): Vale, ahórrate los detalles, ya sabes que no entiendo de esas cosas. ¿Cuánto cuestan?

Janine le susurra el precio al oído, y...

P: ¡¿QUÉ?! No, Janine, lo siento, pero no puede ser.

J: Pero papá, tú dijiste...

P: ... que te haría un regalo. Pero me niego a pagar esa cantidad de dinero por unas gafas de sol; ¡es absurdo!

J: Pero mis amigos las tienen...

P: Mira, si quieres de verdad esas gafas, cómpratelas con tus ahorros.

J: Yo no tengo tanto dinero.

P: Pues entonces... asunto concluido. Ánimo, Janine, elige otra cosa, estaré encantado de comprártela.

J: Papá, te lo suplico...

P: Lo único que puedo hacer es ayudarte a ganar un dinero extra; puedes venir a echarme una mano en la tienda por la tarde hasta que reúnas el dinero que necesitas..., aunque yo, en tu lugar, lo gastaría en algo más sensato.

J: ¡Eres un tirano! ¡Por tu culpa no podré entrar en los mejores grupos del instituto!

Janine rompe a llorar y se va a su habitación. Un poco cortada, Irma la sigue

I: ¿No te parece que estás exagerando?

J: ¿Te pones de su parte? Sólo he pedido un regalo..., después que no me hagan ninguno más, si no quieren, ¡pero DEBO tener esas gafas!

I: Perdona, pero, ¿por qué «debes»? Hablas como

Qué hacer si...

¿Tus padres no quieren comprarte algo que deseas mucho?

- Prueba a pedirles sólo una «contribución»; parte del dinero la pones de tus ahorros, y a ellos sólo les pides la diferencia.
- Busca una solución intermedia; a menudo se encuentran complementos igual de bonitos a precios más bajos.

¿Todos tus amigos piensan que no se puede vivir sin el último modelo de ciertos *jeans?*

- Intenta relacionarte con otras personas; las que piensan así suelen ser un poco superficiales.
- Recuérdales lo que piensan los expertos en moda; cuando algo empieza a ser «de todos», ha llegado el momento de cambiarlo e imponer una nueva moda.

si fuera una cuestión de vida o muerte..., y aunque a mis amigas y a mí nos gusten y ninguna de nosotras las tenga, estamos todas vivas ¡y rebosantes de salud!

J: Lo sé, pero todos los chicos «guay» las tienen.

I: ¿Quiénes son los «chicos guay»: Lauren y algún otro modernillo? Pues verás...

Dentro de unos meses esas gafas tan «indispensables» acabarán olvidadas en algún cajón porque habrá salido otro modelo más «fashion». ¿Y qué piensas hacer entonces, comenzar de nuevo la «lucha por el nuevo complemento», dejar de salir, gastarte un montón de dinero... y estar siempre insatisfecha.

J: Sí, quizá tengas razón, pero las Optikeeds son tan bonitas... ¿Me acompañas a probármelas, por lo menos?

I (suspirando): De acuerdo, si te empeñas...

Delante de la óptica más «de moda» de Heatherfield, Irma y Janine se encuentran con Hay Lin

H: Hola, chicas, ¿qué hacéis aquí?

I: Nada, curiosear. ¿Y tú... dónde te has comprado esas gafas? ¡Son preciosas!

H: Desde luego, no en esta tienda, que es carísima. Hoy, al salir de clase, he acompañado a mi madre al mercado y he encontrado estas fantásticas gafas en un puesto. ¡Costaban lo mismo que una pizza!

J: No puedo creerlo..., ¿de quién son?

H (riéndose): ¿Cómo que «de quién son»? Son mías.

J: No, quería decir de qué marca...

H: Ya lo sé, boba... ¡Pruébatelas, a ver cómo te quedan! Así... ¡estás genial! Y en cuanto a la marca...

I: ... ¡inventémosla nosotras! ¿Qué os parece «S.U.P.E.B.»?

J: ¿Qué significa?

I: ¡«Style Único... Pero Enormemente Barato».!

H: ¡Bien! ¡Y ahora, todas al mercado, a comprarse gafas!

J: ¡Vale! ¡Lauren se morirá de envidia; ella jamás estará tan súper..., o sea, S.U.P.E.B.!

capítulo **cuatro**

Yo así no salgo

Las W.I.T.C.H.

Domingo por la mañana, en casa de Irma. Preparativos para la boda de su prima Betty

Madre: Irmaaa..., levántate, la ceremonia comienza dentro de tres horas. Venga, dúchate y vístete. Tu ropa está en la silla, junto a la cama.

I: Mamá, ya te he dicho que no pienso ponerme esa ridiculez.

M: No empieces. Hoy vamos todos vestidos de boda..., no puedes ir con tu ropa habitual.

Mientras la madre ayuda a Irma a ponerse el traje, llega Chris

Chris: ¡Ja, ja, ja! ¿Sabes, Irma? Pareces la tía Tilde. Eres totalmente idéntica a ella.

I: ¡Bien, regreso a la cama!

¡Adiós a todos!

M: ¿Pero qué estás diciendo?

I: Entre salir vestida como la tía Tilde y volver a la cama, ¡es mejor la segunda opción! Así que... no se hable más: ¡yo no voy vestida así!

M: Calla inmediatamente, Irma Lair.

En ese momento llaman a la puerta, son Cornelia y Will

W, C (a la vez): Buenos días, señora Lair. ¿Está Irma?

M: Hola, chicas. Irma está..., pero en uno de sus malos momentos. ¿Por qué no entráis e intentáis convencerla de que se vista adecuadamente para la boda de su prima?

W: No sabíamos que tuviera un compromiso.

I: De hecho, no tengo NINGÚN compromiso, porque no pienso ir a la boda.

C: ¿Cuál es el problema?

I: El problema es que mi madre pretende que salga de casa vestida como mi tía Tilde. ¡¿Os parece normal?!

W: Bueno, depende de quién sea tu tía Tilde...

I: La hermana soltera de mi abuela, famosa por su *look*... ¡de solterona, precisamente!

Sonrisas W.I.T.C.H.

Soluciones divertidas a todas tus dudas

Nunca cambio de *look*: vaqueros, sudadera y katiuscas.

¿Ni siquiera en la playa, en verano?

¿Cómo convenzo a mi madre de que no me obligue a ponerme la falda plisada?

Recuérdale que después tendrá que plancharla ella.

¿Qué hago para librarme de estos horribles zapatos rosa confeti?

Prueba a escribir en ellos ¡cómo si fueran *post-it*!

¿Por qué a las madres les encanta vestirnos de colegialas?

Porque, en el fondo, desearían que siempre estuviéramos en el colegio.

C: ¿No estás exagerando, como sueles hacer? Anda, enséñanos lo que tanto te disgusta.

Irma muestra el traje a sus amigas

I: No hace falta que contengáis las carcajadas, si yo viera a una de vosotras vestida así, me moriría de risa.

C: Mira que te gusta exagerar. En el fondo, sólo es un traje azul normalísimo...

I: Normalísimo..., ¡y un cuerno! ¿Qué me dices de la chaquetita? ¡No se la pondría ni la Knickerbocher jubilada!

W: Desde luego, es un poco terrorífica...

C: Sin embargo, podríamos hacerle algún arreglillo.

I: ¿Qué quieres decir?

C: *Quiero decir que tal vez puedas darle un toque tuyo. Este traje, en realidad, no tiene mucho que ver con tu estilo. En fin, aunque es cierto que en determinadas ocasiones tenemos que vestirnos de una manera distinta de la habitual, también es verdad que podemos hacerlo sin tener que renunciar totalmente a nuestros gustos.*

I: Gracias, Corny. ¡De hecho, mis gustos me dicen que tire este conjuntito a la chimenea!

W: Sí, así tu madre estará enfadada contigo toda la vida.

Busquemos una solución; quizá baste con algún retoque...

C: Sí, por ejemplo, en vez de la «chaqueta de directora de colegio jubilada», tu maravillosa cazadora roja. Y en lugar de estos zapatos, un poco...

I: Un poco... «tía Tilde»...

C: ... podrías ponerte esos tan bonitos con cintas atadas a los tobillos que llevabas el otro día.

W: Y como toque final, si te haces uno de tus peinados con coletitas, quizá un poco menos «penacho salvaje», serás... .

¡100% Irma!

I: Casi me habéis convencido..., pero no os vayáis; quiero que estéis presentes cuando le proponga a mi madre nuestra solución.

Poco después Irma aparece ante su madre y sus amigas con un nuevo *look*...

C: ¡Vaya, estás genial!

M: Bueno, yo creo que estaba mejor antes, pero...

C: ... ahora puede ir a la boda sin protestar. Misión cumplida.

W: Y piensa que dentro de unos años tu sobrinita le dirá a tu cuñada: «¡No, por favor, coletitas no; parezco la "tía Irma"!»

Todas juntas: ¡Ja, ja, ja!

Apuntes e ideas

Trucos y estrategias para resistir a los gustos de mamá

- Que no te pille desprevenida: bodas, cenas navideñas..., acuerda por adelantado qué ropa te vas a poner.
- Recuerda que hay situaciones en las que es necesario un *look* más formal, y no puedes pretender ponerte sudaderas y tejanos a toda costa.
- Usa la imaginación: cualquier cosa, hasta el vestido más desangelado, puede ser «ponible» con una pizca de alegría.
- Si tu madre te compra algo que no te gusta, en lugar de enfadarte pídele que lo cambie. La próxima vez no se atreverá a ir de compras sin ti.
- Si todos los consejos anteriores no surten efecto, recurre a la única arma 100% efectiva: el NO, dicho con calma pero con pleno convencimiento.

capítulo **cinco**

Tentación «tattoo»

LAS W.I.T.C.H.

Viernes por la tarde: Will, Irma y Cornelia deambulan por el centro

I: Chicas, escuchadme bien: he tomado una decisión importante.

W: Te escuchamos.

I: Quiero hacerme un tatuaje. ¿Recordáis esa especie de lagarto que aparece en el último CD de Karmilla? Pero quiero que me lo hagan con la cola muy larga, enroscándose en mi brazo...

C (irónica): Te felicito. Has tomado...

¡la decisión del siglo!

I: ¡Uff! Mira, los tatuajes ya no son sólo cosa de marineros. Los lleva todo el mundo..., ¡son totalmente *fashion!*

W: Es verdad, pero quizá sean algo, un poco..., ¡un «poco demasiado»!

I: Bah. Ya me veo en la fiesta de la próxima semana: tatuada y morenísima después de una estratégica tarde en la piscina..., ¡causaré sensación!

C: Pues a mí... me parece una de tus locuras habituales.

I: Venga, ¿por qué no me acompañáis a pedir información? Acaban de abrir una tienda en la otra esquina. Es de una chica joven, parece simpática...

Al rato, las tres entran en All Tattoo, donde las recibe Evelyn, la joven y tatuadísima dueña

Evelyn: Hola, chicas. ¿En qué puedo ayudaros?

I: Queríamos saber si duele tatuarse. Y cuánto cuesta.

E: Bueno, siempre duele un poco, sobre todo en ciertas zonas del cuerpo donde la piel es más sensible...

I (palideciendo): Ah...

E: En cuanto al precio, depende del tamaño y de la dificultad del tatuaje... Mirad, en este catálogo tenéis precios orientativos.

Irma mira el catálogo y se queda perpleja

I: Caramba. Qué caro. No creía que...

E: Hay gente que los hace más baratos, pero es probable que no respete todas las normas de higiene y seguridad. A mí, por ejemplo, los primeros tatuajes me los hicieron unos tipos bastante impresentables, y luego me arrepentí.

W: ¿Por qué?

E: Tardaron mucho tiempo en cicatrizar, los colores quedaron desvaídos, el dibujo se emborronó...

I: ¿Qué? ¿Un tatuaje debe «cicatrizar»?

E: Bueno, no creas que es llegar, hacértelo y marcharte tan campante; ha de pasar algún tiempo para que la piel cicatrice, y después tienes que protegerla, por ejemplo, cuando tomas el sol...

I: [Ay-ay... ¡Me parece que voy a renunciar a mi proyecto de «Irma, reina de la fiesta»!]

E: En definitiva, un tatuaje es algo que dura toda la vida... Hay que pensárselo bien antes de tatuarse.

I: Sí..., ejem..., claro.

E: De todas formas, yo no puedo tatuaros, a menos que vengáis con vuestros padres.

I: Sí, me imagino a mis padres acompañándome aquí.

Apuntes e ideas

Tatuaje y *piercing*: impactantes y de moda, pero...

- Requieren cuidados, atenciones y cautela. Si no los cuidas correctamente, se pueden infectar.
- Tus padres, tus profesores y los chicos de tu edad no te miran bien; ¿estás lo bastante segura de ti misma para afrontar su juicio sobre ti?
- Por último, recuerda: la ley prohíbe hacer tatuajes y *piercing* a menores de edad que no vayan acompañados de sus padres. Si alguien acepta hacértelos, es probable que sea poco serio. ¡Es mejor no fiarse!

E: Venga, no pongas esa cara..., sólo tienes que esperar unos años. Pero tengo una curiosidad: ¿qué habías decidido tatuarte?

Irma muestra a Evelyn el CD de Karmilla con el dibujo del lagarto

E: Sí, es bonito, pero... ¿estás segura de querer llevarlo siempre encima? ¿Te parece lo bastante importante para que forme parte de ti? Quizá te canses de él dentro de dos meses... y tendrás que recurrir al láser para quitártelo; ¡no es ninguna tontería!

I: Bueno, yo..., no lo había pensado.

C: ¡Vaya novedad!

E (sonriendo): También vienen adultos pidiendo cosas de este tipo. Entonces les explico un poco lo que pasa con los tatuajes, trato de hacerles entender que «marcarse» el cuerpo de este modo es una decisión importante, que hay que pensárselo bien, y no hay que hacerlo sólo porque está de moda...

W: ¿Y qué hacen ellos?

E: Bueno, algunos desisten de su idea, y yo les consuelo. Piensa que uno se hizo tatuar en el brazo el escudo de su equipo del alma...

Después perdieron el campeonato, ¡y él se gastó un dineral para quitarse el tatuaje!

C: ¡Qué locura!

E: Sí... Pero otros se van a su casa, se lo piensan bien, y tal vez regresan, y nos ponemos a estudiar juntos un dibujo que sea realmente importante para ellos...; vamos, algo de lo que no se avergüencen ¡ni cuando tengan noventa años y estén llenos de arrugas!

I: En fin, será mejor que vuelva por aquí dentro de unos años...

E: Sí; hay que tener la edad adecuada..., y también la CABEZA adecuada, en mi opinión.
Mientras tanto, ¿por qué no pruebas con los tatuajes de *henna?* Se quitan al cabo de unas semanas, y con ellos puedes hacer todos los experimentos que quieras.

W: ¡Buena idea! Hay Lin podría hacerte un dibujo de esos especiales suyos...

E: Bien, ése es el espíritu que hay que tener.
Y si después sigues queriendo tatuarte, nos volveremos a ver cuando seas mayor de edad.

I: De acuerdo..., y quizá también consiga, entretanto, acostumbrar a mi madre a la idea; hoy por hoy, me temo que mi brazo tatuado se convertiría en... ¡un brazo escayolado!

capítulo seis

Guerra con el espejo

Del diario de Irma

Sábado, 11 de noviembre

Querido diario, hoy es uno de esos días superfatídicos: otra espinilla (¡la enésima!) está brotando en mi frente y los michelines me invaden cada vez más. ¡Uff! *Además, nunca sé qué ponerme; cada vez que intento vestirme..., ¡me veo horrenda! ¿Es posible que todas sean más guapas que yo? Corny es sencillamente perfecta, Hay Lin es siempre original, Will tiene un tipo maravilloso (¡daría cualquier cosa por ser tan delgada como ella!) y Taranee está muy segura de sí misma ¿Y yo, qué? Aparte de kilos en exceso y estas odiosas espinillas (mamá sigue diciendo que es una fijación mía, porque apenas se ven, pero yo las noto), no tengo muchas cosas de las que presumir. Claro, siempre*

queda mi famoso sentido del humor, pero te garantizo que cuando me siento así no me ayuda para nada. Te dejo, está sonando el teléfono.

Era Martin: quería invitarme al cine, pero le he dicho que no. Tal vez me hubiera venido bien, pero hoy sólo puedo concentrarme en mis innumerables, infinitos *defectos. Es extraño: hasta hace algún tiempo yo me veía aceptable..., tal vez no maravillosa, pero...* interesante. *Ahora, en cambio, me basta pasar por delante del escaparate de una tienda y ver reflejada mi imagen para horrorizarme.*

Domingo, 12 de noviembre

Calma total: de ayer a hoy mi humor no ha mejorado lo más mínimo. Desearía abrir la ventana y lanzar un grito

El corazón de KANDRAKAR te dice que...

Mirarse con ojo crítico puede ser una gran cualidad, pero no debe significar encontrarse defectos a toda costa. De hecho, una cosa es reconocer no ser perfecta, y otra, deprimirse por cualquier tontería. Por eso, intenta ser más constructiva a la hora de juzgarte.

Es natural, sobre todo cuando se es muy joven, dar mucha importancia al aspecto físico. Pero no olvides tu personalidad, tus cualidades internas forman parte de tu belleza. Por tanto, ocúpate también de ellas y verás cómo tu aspecto físico se beneficia.

ensordecedor. *Ah, se me olvidaba: me ha vuelto a llamar Martin y me ha dicho que «si algo va mal, podemos hablar...» Ya, pero, ¿qué le digo? ¿Debería confesarle que me gustaría encontrar a un superchico guapísimo, amable y fascinante? No sería agradable para Martin, no puedo hacerle algo semejante. No, no, mejor hablaré con una de las W.I.T.C.H. Probaré con Will, ella siempre sabe consolarme.*

Noche

Querido diario, **sorprendente pero cierto**: *de vez en cuando yo también tengo buenas ideas. Hablar por teléfono con Will ha sido muy reconfortante. Me ha confesado que también ella se siente horrible a veces (¡¿Cómo?!* **¡In-creí-ble!**) *y simplemente eso ya me ha hecho sentirme menos sola. Me ha contado que le horroriza «estar en los huesos»; ¡¡¡con lo que yo envidio su delgadez!!! En vista de que me sentía mejor después de la conversación con Will, he llamado a Martin para proponerle ir al cine mañana por la tarde... Por lo que se refiere a mi espinilla, le he declarado la guerra (me he dado una pomada que debería exterminarla definitivamente). En cuanto a mis kilos de más, me he preguntado: si me los quito de encima, ¿qué haré cuando tenga un mal día? Además, la perfección no es lo mío, eso es cosa de Cornelia.*

Qué hacer si...

¿No te gustas cuando te miras al espejo?

- Piensa en algo bonito de ti: la nariz, los ojos, el pelo... Centra tu atención en ese punto fuerte y olvídate de todo lo demás.

- No te empeñes en adoptar forzosamente un nuevo *look*. Prueba a ponerte tu prenda preferida, y no le des más vueltas..., al menos durante un rato.

- Recuerda que el espejo refleja principalmente... tu estado de ánimo; cuando no estés de buen humor, ¡mantente alejada de él!

¿Estás en plena crisis de «patito feo»?

- Intenta no compararte con las demás y piensa en... ¡vivir! Las personas que disfrutan con lo que hacen son felices... ¡y gustan un montón!

- Fíate de los cumplidos, aunque te los haga tu anciana abuela. La opinión de quien te ve desde fuera es a menudo más imparcial que la tuya.

- Prueba a cambiar de punto de vista; lo que a ti te parece un defecto puede agradar a los demás.

Test

Y tú, ¿cuánto te gustas?

Descubre cómo te ves

¿Qué es lo primero que observas cuando te miras al espejo?

- **A** Tu sonrisa deslumbrante.
- **B** Que lleves arreglado el pelo.
- **C** Cómo te sienta la camiseta.
- **D** ¡Esa odiosa espinilla!

¿Qué cambiarías de tu aspecto si tuvieras una varita mágica?

- **A** Absolutamente nada.
- **B** Los lóbulos de las orejas.
- **C** Las piernas.
- **D** Absolutamente todo.

¿Qué comentas cuando ves una antigua foto tuya?

- **A** «Estoy mejor ahora.»
- **B** «Era bastante mona.»

C «Hum... No soy muy fotogénica.»
D «¡Uff! ¡Qué horror!»

¿Quién es tu ideal de belleza femenina?

A Tú misma.
B Tu madre.
C Una actriz famosa.
D Tu compañera de pupitre.

¿Cómo reaccionas si te ignora un chico que te gusta?

A «Peor para él.»
B «Tarde o temprano caerá.»
C «Quizá no soy su tipo...»
D «Ya sabía que era mejor no hacerse ilusiones.»

Si alguien te hace un cumplido, tú piensas...

A «¡Es lo mínimo!»
B «Bueno, tal vez me lo merezca.»
C «¡Vaya! ¡He dado con mi *look!*»
D «Es muy amable..., ¿o necesita ir al oculista?»

Te han aconsejado un *look* diferente. ¿Qué haces?

A Nada, ya eres perfecta.
B Lo intentas, nunca se sabe.
C Sólo cambias algo.
D Piensas que va a dar igual.

Perfiles

Mayoría A

La más guapa del reino

Decir que te gustas es poco. Sientes adoración por ti misma; según tú (y quizá también según tus padres), eres siempre la más guapa, la más elegante y la más envidiada. Atención: gustarse es importante, pero también es necesario gustar a los demás..., y no sólo por el aspecto físico, sino también por cómo eres. Así pues, intenta no estar siempre frente al espejo, vivir entre los demás... y no sentirte el ombligo del mundo.

Mayoría B

La satisfecha

Sí, te gustas. Te encuentras guapa, te cuidas, y cuando te descubres algún defecto no haces un drama. En fin, eres lo que se llama una chica «segura» de su aspecto, pero sin obsesionarse.
Los demás perciben tu serenidad y la valoran..., aparte de alguna envidiosilla (por desgracia, siempre las hay), que puede acusarte de ser demasiado vanidosa; no le hagas caso ¡y continúa siendo así!

Mayoría C

La indecisa

Todavía no sabes si te gustas y cuánto. Por un lado te gustas «un poquito», pero por otro no escatimas en críticas, a veces un poco excesivas. El problema, quizá, es que has perdido de vista el verdadero objetivo: gustarse significa aprender a aceptarse como somos. Eso no implica resignarse a tener defectos (todos podemos mejorar), pero recuerda que al final lo realmente importante es estar bien contigo misma.

Mayoría D

El «patito feo»

Hay dos posibilidades: o nunca te han leído el final de *El patito feo*..., ¡o exageras un poco! En el primer caso, repasa en seguida el famoso cuento, y en el segundo..., ¡deja de hacerlo inmediatamente! Es imposible que no haya nada de ti que esté bien..., ¡al menos habrá un microscópico detalle de ti que te gusta! Entonces prueba a partir de él para adquirir seguridad; si no empiezas por quererte tú, ¿cómo piensas que puedan quererte los demás? ¡Inténtalo cuanto antes!

capítulo **siete**

Excesos de... «modamanía»

LAS W.I.T.C.H.
Viernes, al salir de clase

T: Bueno, chicas, ¿estáis listas para la excursión de mañana? ¡El Pico Alto nos espera!

W: Peter ha tenido un gran detalle invitándonos.

I: Es verdad..., y espero que sus amigos sean igual de «detallistas». ¿Sabéis quién va a ir?

T: Pues... seguro que van J. P. y Greg, y puede que vaya Stewart.

I: ¡¿Stewart ojos-verdes-pelo-negro?! Sólo de pensarlo...

... ¡Tac, tac! ¡Mi corazón palpita!

H (riéndose): Te va a palpitar a base de bien, ¡pero después de la caminata que nos espera!

I: ¡Arg!, ya lo sé. Pero con tal de pasar un día con Stewart hago eso y mucho más.

Puedo incluso aguantar a Corny, aunque esté totalmente insoportable.

C: Tranquila..., quizá no tengas que aguantarme en absoluto, porque puede que no vaya.

T, W, I, H: ¡¿Qué?! ¿Por qué?

C: Nada grave, chicas... Disculpadme, tengo que irme a casa corriendo. ¡Adiós, adiós!

W (dirigiéndose a I, T y H): Hum..., aquí está pasando algo raro. ¿Qué os parece si esta tarde nos pasamos por casa de los Hale?

I: Bien. Corny no es la de siempre; hoy no se ha metido conmigo ni una sola vez. ¡La situación es grave!

Después de almorzar, Will y las demás van a casa de Cornelia; su habitación está invadida de todo tipo de ropa

I: ¡Ahora nos lo cuentas todo! No puedes negar que pasa algo, cuando tienes una cara...

... ¡de emergencia cósmica!

W: ¿Y qué le ha pasado a tu armario? ¡Parece que ha pasado un huracán!

C: Uff..., sólo estaba haciendo unas pruebas...

T: ¿«Pruebas» para qué? ¿Vas a participar en un desfile mañana y no nos has dicho nada?

C: No..., es para la excursión. ¡No encuentro nada que me quede bien!

W, T, I, H (a coro): ¡¿QUÉ DICES?!

H: ¡¿Estás pensando en renunciar a la excursión con los amigos de Peter sólo porque no sabes qué ponerte?!

C: Bueno..., no exactamente, pero... sí, en efecto, es así.

WITCHARIO

CINCO REGLAS PARA SENTIRSE «CÓMODA»

I

Tengo siempre a mano cacao para los labios.

W

Me pongo una camiseta cómoda.

¡Estoy bloqueada!

T: ¡Es de locos! ¡Aquí hay CIENTOS de cosas que te puedes poner! No entiendo dónde está el problema...

C: Tienes razón, tengo muchísima ropa. Lo malo es que no consigo saber cómo combinarla...

I: Oh, oh... ¡No puedo creerlo! ¡Tienes un ataque de «inseguridad», igual que nosotras, comunes mortales!

C: No, la inseguridad no tiene nada que ver. Lo que pasa es que tengo que salir con gente a la que no conozco y quiero ir perfecta...

T
No renuncio a ponerme pulseras multicolores.

H
Busco una mochila especial.

C
Intento llevar el pelo limpio y bien peinado.

I: Siento decepcionarte, pero esto es inseguridad pura y dura, ¡al 100%!

W: Tranquila, Corny, no tiene nada de malo, pero...

... no creas que los demás te juzgan exclusivamente por la ropa que llevas, si es el último modelo, si es de marca o si combina bien. Hay situaciones en las que nos vestimos «únicamente» para cubrirnos, movernos cómodamente... ¡y divertirnos!

En fin, en ciertos casos no debes mirarte tanto al espejo, y sólo tienes que preocuparte de lo que vas a hacer.

C: Hum..., ¿y entonces?

I: Entonces... ¡BASTA! Ahora te sientas aquí, y nosotras te buscamos la ropa adecuada para la excursión; lo tomas o lo dejas, no se admiten réplicas.

Apuntes e ideas

No «exageres» con el *look* si te espera...

- Una fiesta en la playa; ¿por qué ponerte ese vestido tan moderno... que no te va a permitir sentarte en la arena?
- Una tarde de fiesta; aunque sean los zapatos más *in*, ¿qué sentido tiene ponértelos si no vas a poder bailar porque te duelen los pies?
- Una excursión en bici; la falda larga te sienta muy bien..., pero no es la ropa ideal para pasarte la tarde pedaleando.

T: Sí, por una vez, nosotras seremos tus «asesoras de *look*»... Mejor dicho, de NO-*look*.

I (riéndose): Prometo no aprovechar la ocasión para vestirte como una pastorcilla.

H: Aunque quisieras, creo que sería imposible; hasta la ropa deportiva de Corny es maravillosa.

W: Entonces, ánimo, preparemos la mochila para nuestra amiga en crisis.

Las cuatro se ponen a la tarea, y al cabo de media hora...

H: Se acabó, ya está todo listo; desde el chubasquero a las botas.

C: ¡Hey, fantástico! Y habéis elegido cosas bonitas...

W: Tranquilízate, incluso en versión «montañesa» estarás guapísima, como siempre.

I: Un momento. Si tienes intención de hacerme la competencia con Stewart, ¡guardo algo más en tu mochila!

C: ¿Por ejemplo...?

I: Pues... una piedra gigantesca, que te obligue a quedarte atrás, sudando y jadeando.

C (riéndose): Te felicito. Es un accesorio realmente indispensable. Pero ten cuidado..., podría dar la impresión de que necesito ayuda, y eso les encanta a los chicos...

I: ¡Sujetadme o la estrangulo!

capítulo **ocho**

Rompiendo moldes

LAS W.I.T.C.H.

Miércoles por la mañana, durante el recreo

Janine: ¿Os habéis fijado en la nueva de 3.º H?

W: Ah, sí, Maruska, ha venido hace unos días.

J: ¡Vaya nombre! Bueno, sólo hay que verla para saber que es un poco rara.

H: ¿En qué sentido?

J: ¿Os habéis fijado en cómo se viste? Pantalones pirata de lana, calcetines de rayas negras y naranjas, un sombrero de terciopelo fucsia... ¡Parece que se ha escapado de un circo!

I: Bueno, a veces me pasa también a mí...

... ¡es el shock del despertador!

J: Venga, Irma, tú jamás te peinarías de esa manera.

H: Pues a mí no me disgusta el estilo de Maruska...

J: Claro, tú tampoco eres manca en cuanto a rarezas. Pero te conocemos bien y sabemos cómo eres..., aunque podías haber dejado en casa las medias que te has puesto hoy.

H: ¿No te gusta el estilo «optical»?

J: Sí, sí, en Marte debe de ser el último grito..., pero me gustaría ver si eres capaz de ir vestida así el sábado a la fiesta del instituto.

El corazón de KANDRAKAR te dice que...

No está bien juzgar a las personas por su aspecto, aunque por desgracia es una costumbre bastante extendida. Eso no significa que tengas que adaptarte forzosamente a lo que se lleva; pero si decides mantenerte «fuera de los esquemas» deberás estar lo bastante segura de ti misma para afrontar con la cabeza muy alta la opinión de los demás.

Ser única y original, sin dejarse influir demasiado por modas y tendencias impuestas desde fuera, no es fácil y a veces puede implicar momentos de soledad, pero no desesperes; también tú encontrarás a tus «semejantes», que te aceptarán y apreciarán por lo que eres.

W: Por cierto, tenemos que decírselo a Maruska. Sería una manera de integrarse en el Sheffield.

J: Creo que es mejor no decirle nada. Si viene a la fiesta peinada de esa manera, seguro que está todo el rato sola en un rincón. En fin, si quiere integrarse, debería esforzarse un poco en adaptarse.

El timbre de final del recreo interrumpe la conversación, pero a la salida de clase, tras informar de todo a Cornelia...

C: Bueno, ¿qué hacemos con Maruska?

H: Contarle ahora mismo lo de la fiesta. Lo que ha dicho Janine es una tontería.

Me parece absurdo juzgar a la gente por su forma de vestir. Yo tampoco soy demasiado elegante, pero espero que los demás me quieran por lo que soy, y no por lo que llevo puesto.

I: Tienes razón, pero es cierto que hay situaciones en las que el *look* importa... Por ejemplo, nosotras llevaremos a la fiesta nuestra mejor ropa, y si Maruska asiste con ese atuendo estrambótico, es fácil que nadie se le acerque. ¿Por qué no invitamos a Maruska a pasar con nosotras una tarde de «pruebas previas»? ¡Con Will funcionó cuando no sabía cómo vestirse para el cumpleaños de Julie!

W: Podríamos darle algún consejo, prestarle algo...

T: Pasaré por su casa para invitarla. El otro día fuimos caminando juntas y sé dónde vive.

C: Estupendo, os espero en mi casa; traed ropa, calzado y... ¡a Maruska, claro!

Más tarde, las W.I.T.C.H. se reúnen en casa de Cornelia con la nueva compañera del instituto

Maruska: Es fantástico probarse ropa en compañía. Habéis sido muy amables invitándome.

C: Venga, empecemos.
Poned sobre mi cama todo lo que habéis traído.

M: Esta mini roja y negra y este chal indio irían maravillosamente con mis botas verdes. Si me los prestáis, mi «modelo de fiesta» está decidido.

C: [Oh, oh... Entre toda la ropa disponible ha elegido la más estrafalaria. ¡Es incorregible!]

Después de rebuscar entre la ropa, elegir, probarse..., Maruska se marcha feliz a su casa. Una vez solas, las W.I.T.C.H. comentan...

I: ¿Os dais cuenta? A pesar de nuestros esfuerzos, sigue teniendo un estilo la mar de extraño.

C: Seguramente tiene un gusto muy personal... De hecho, las cosas que ha traído son monas, pero imponibles, a menos que quiera ser el hazmerreír de medio Sheffield.

I: Por lo menos has conseguido que renunciara a su cazadora verde acolchada.

H: Ejem... Ésa me la voy a poner yo, ha dicho que me la presta.

I: ¡Oh, no! Aún no hemos «normalizado» a Maruska... y además tenemos que hacerlo contigo. ¡Es el desastre total!

W: Ésos son problemas que puede plantearse Janine, no nosotras. ¿Nuestro objetivo no era ayudar a Maruska a sentirse a gusto?

T: Bueno, con nosotras no ha tenido problemas. Es simpática, aunque un poco extravagante.

C: Entonces es fácil; ella irá a la fiesta vestida a su manera, y nosotras la presentaremos.

I: Sólo espero que, al vernos con ella, no salgan corriendo todos los chicos.

T: Venga, Irma. A los chicos que piensan así es mejor tenerlos lejos que cerca, ¿no crees?

I: Sí, lo creo..., ¡ojalá salga bien!

Al fin llega el sábado de la fiesta. Las W.I.T.C.H. entran en el Sheffield junto a Maruska y empiezan a presentarle algunos amigos. Pero de pronto...

W: ¡Chicas, S.O.S.! ¡He perdido a Maruska!

I: ¡Oh, no! La dejé un momento sola junto al cartel de Cobalt Blue... Quizá se haya ido a su casa sin despedirse porque no ha conseguido hablar con nadie...

H: Tranquilas, acabo de verla hablando con Robbie.

I: ¡¿Robbie?! ¿El «macizo» de 3.º F?

H: El mismo. Al parecer, Maruska y él se han puesto a hablar del cartel de los Cobalt..., y después él ha dicho que toca en un grupo y ella que le gusta cantar... Así que me parece que Maruska va a ser la cantante del grupo de Robbie.

I: ¡¡¡Caramba, qué envidia!!!

T: ¿Veis? A veces, saber cantar es más útil que vestirse de la manera «adecuada».

I: Sí... Voy corriendo a casa a ensayar los agudos, tal vez necesiten a alguien para el coro. Hay Lin, ¿me prestarías la cazadora verde de Maruska? Nunca se sabe...

capítulo nueve

¡No sonreiré nunca más!

Intercambio de cartas entre Hay Lin y Demi, una vieja amiga suya

<u>Viernes, 15 de marzo</u>

Querida Hay Lin,
perdóname, hace un siglo que no te escribo, pero no creas que me he olvidado de ti. Por desgracia, todo se debe a una terrible novedad, que me ha hecho perder mucho tiempo (malgastado en la sala de espera del dentista: ¡GRRR!*) y TODO mi buen humor: ¡¡¡he de llevar aparato en los dientes!!! Y lo más trágico es que va a ser fijo..., ¡con esos horribles ganchos! He luchado hasta el final para evitarlo, pero mi madre y ese odioso dentista dicen que si no lo llevo, de mayor tendré una dentadura de tiburón. ¡Uff! Yo sólo sé que no quiero llevar ese artilugio en la boca.*
¿Te lo imaginas? ¿Cómo voy a saludar a Dave, el guapo del instituto?
Estoy tan triste que he dejado de reírme. Por eso prepárate: como he decidido que no volveré

a salir de casa, te escribiré cartas kilométricas. Por favor, contéstame pronto, eres la única que conoce mi secreto (aún no se lo he contado a mis amigas).
Te mando un abrazo muy muy fuerte...

Demi la triste

Sábado, 23 de marzo

Querida Demi,
siento mucho lo que te está ocurriendo y te entiendo perfectamente, ¡yo también he pasado por ello!
Ya sé que llevar ortodoncia es una cosa terrible, pero yo la llevo desde hace algún tiempo y puedo decirte que no es tan trágico como pensaba. Los primeros días fueron los peores, entre otras cosas porque había unos compañeros de clase que me tomaban el pelo llamándome «dientes de hierro».
Pero el verdadero problema era yo, que me avergonzaba muchísimo. Por suerte, tengo unas amigas fantásticas que me ayudaron. Así que... ¡NO te encierres en casa! Es más, en estos momentos tienes que salir y ver lo más posible a las personas queridas, ¡hará que te sientas mejor! En fin, muchísimas chicas llevan aparato, y seguro que hay cosas peores que algún que otro alambre en la boca. Piensa también que esta «tortura» dura sólo unos años, y después estaremos ¡¡¡GUAPÍSIMAS!!! *Y no te desesperes por Dave, puede que dentro de unos meses él también tenga que llevar ortodoncia... ¡y entonces tendréis algo en común!*
De todas formas, ¿sabes qué hice yo? El dentista me dijo que podía elegir un aparato coloreado, y después de pensármelo

Qué hacer si...

¿Algún «graciosillo» te toma el pelo?

- No te dejes impresionar por sus «gracias» y págale con la misma moneda (¡en caso de necesidad, toma ejemplo de Irma!)

- ¡Sonríe como antes, o más que antes! Cuando comprenda que sus comentarios no te alteran, dejará de hacerse el gracioso.

¿El chico que te gusta ya no te mira?

- Quizá sólo sea por culpa del «efecto novedad»; dale un poco de tiempo para acostumbrarse a tu nuevo aspecto.

- No le hagas pensar que te avergüenzas; no te tapes la boca con la mano cuando hables con él y no te escondas detrás de una revista cuando te rías.

- Si tú lo aceptas, él también se acostumbrará a tu aparato, y al final será como si no lo llevaras. De lo contrario, vuelve a verle cuando te lo hayan quitado y... ¡deslúmbrale con tu bonita sonrisa!

dos veces, ¡ahora tengo una sonrisa realmente original! Por tanto, no te deprimas y céntrate... ¡en las combinaciones de color!
Un beso

Hay Lin

P. D. Te envío una de mis fantásticas fotos con sonrisa de 98 dientes. Para que te consueles.

Domingo, 31 de marzo

Hola, Hay Lin,
gracias por tu carta, me ha ayudado mucho. Voy a seguir TODOS tus consejos. A propósito: ¿qué te parece un aparato celeste? ¡Combina a la perfección con los ojos de Dxxx!
Hasta pronto.
¡Besos, besos!

Demi la feliz

capítulo **diez**

Si te vistes para gustarle...

Del Diario De Grupo de las W.I.T.C.H.

¡DDG, ayúdame!
Will, en vista de que esta clase de matemáticas es totalmente soporífera, he pensado despertarte con una idea que tengo en mente desde el sábado pasado: ¿qué te parecería si cambiase de estilo? Estoy harta de verme siempre igual... ¿y no crees que mi manera de vestir es un poco vulgar?
¡Espabila! ¡Contéstame en seguidaaa!

Cornelia

¿Te has vuelto loca? Eres el mito del Sheffield, los chicos se derriten a tu paso (aunque no te guste ninguno), las chicas darían cualquier cosa por parecerse a ti... ¿y tú te encuentras vulgar? La culpa debe de ser de estas malditas ecuaciones. Tranquila, cuando acabe la clase volverás a ser tú. 1 beso y buenas noches: ¡sigo durmiendo!

Will

Te prometo que la culpa no es de las ecuaciones, es que el sábado pasado, en la fiesta, estuve observando a Rebeca: ¡ella sí que tiene **personalidad**!
Al principio me parecía un poco «descuidada», siempre con vaqueros descoloridos y deportivas, pero después empezó a gustarme y, al parecer, también a Greg...

Cornelia

Ahora lo entiendo. El verdadero problema no es tu look, sino **Greg-el-guapo-siniestro** (por cierto, ¿crees que nació con esa cazadora de cuero negro, o se la quita de vez en cuando?)
Entonces, ¿reconoces que te gusta? **¡Qué notición!** Cuando el DDG llegue a manos de Irma...
Hasta luego

Will

¡Yo no reconozco nada! Y ahora quiero saber qué piensan las demás de mi idea...
Voy a dejar el DDG en nuestro escondite secreto en los lavabos.
Mensaje para Irma: **¡al primer chistecito, te hago picadillo!**

Cornelia

¡El DDG en mis manos, al fin! ¡Mua! ¡Menuda noticia: a Corny le gusta Greg! No me lo puedo creer... Por lo que respecta a tu estilo, estoy de acuerdo contigo, ya es hora de cambiar: siempre tan conjuntada, siempre tan moderna... ¡Pones enfermo a cualquiera! Fíjate en mí: pelo perennemente despeinado, michelines siempre al acecho, ropa de mi prima... y, pese a todo, siempre, inevitablemente... ¡m-a-r-a-v-i-l-l-o-s-a!

Irma

X Corny

¡Pasa de los delirios de Irma! ¡Estás perfecta así!

Taranee

No sé. Yo no te veo con vaqueros deshilachados, cazadora de motero y botas con hebillas. Creo que ése no es tu estilo... Pero, quizá, a los chicos podría gustarles más; ¡en el fondo, muchos de ellos se visten así! Aunque si he de ser sincera..., pienso que si alguien se viste de una manera es porque se siente bien así; ¿estás segura de que no te sentirás a disgusto si cambias de estilo?

Hay Lin

Sonrisas W.I.T.C.H.

Soluciones divertidas a todas tus dudas

Querría llamar la atención de un chico con estilo de *cow-boy*, pero no sé qué hacer.

¡Vístete de india!

¿Qué puedo ponerme para impactar a un *punki*?

Déjate aconsejar por un ferretero.

¿Cuál es el mejor atuendo para una «cita a oscuras»?

El que quieras. Además puedes elegirlo con la luz apagada.

Me he comprado una bufanda con los colores de un equipo de fútbol, pero a mi amigo no le ha gustado...

Antes deberías haberte informado de qué equipo es él.

Miércoles, 19 de octubre

¡Qué desastre! Chicas, ayer por la tarde hice una prueba del nuevo estilo. Rescaté unos vaqueros del año pasado y los deshilaché un poco, después encontré en el armario del recibidor una vieja cazadora de cuero de mi padre (no sabía que la tuviera), me recogí el pelo, me puse unas gafas oscuras y las deportivas más viejas que tengo, y pasé por delante del salón de juegos donde se encontraban Greg y sus amigos. Y él... ¡puso una cara extrañísima! Puede que estuviera enfadado por sus cosas..., pero juraría que antes de verme estaba riéndose y bromeando con todos. En fin, ni siquiera me saludó. ¡Qué nervios!

La nueva Cornelia

¡IMPORTANTE!

Greg vino ayer a buscar a Peter, y escuché que le decía: «Esta tarde he visto a Cornelia y te aseguro que no la reconocía. ¡Ya no es ella! Debe de haber pensado que estoy loco, porque no la he saludado, pero te confieso que no sabía qué decirle... En fin, siempre me ha gustado, pero ayer...». ¿Hago algún comentario?

Taranee la espía

¿Qué te he dicho? ¡Tú no necesitas cambiar de estilo para gustar! Creo que Greg estaba colado por ti (¡diría que casi loco!) porque **tú eres tú**.
En cambio, si te transformas en una copia de Rebeca, es normal que se desconcierte...

la sabia (¡je, je!)

Will

Creo que Will tiene razón.
Aunque me parece mucho más guapo Stewart que el lerdo de Greg, creo que me dejaría de gustar si un día llegara a clase vestido, por ejemplo, como Peter. Él tiene otro estilo: pelo muy corto, pantalones de su talla, nada de pulseras...

Por eso diría que no es buena idea cambiar sólo para gustar a otra persona, ya que, seguramente, gustamos porque somos nosotros mismos.
Vuestra, siempre espléndida

Irma

¡Si me fijara en ti, estaría fresca! En cualquier caso, mensaje recibido. ¡No volveré a hacerlo! Aunque, en el fondo, me gustaba en la nueva versión... Y quizá, si me viera el elegantísimo Stewart...

Cornelia

¡Pobre de ti!

No le daría tiempo a verte, querida, porque antes te estrangularía yo. ¡Por eso, Miss Hale, vuelve a ponerte inmediatamente tu ropita, recupera ese estilo tuyo tan azul y que tanto gusta a Lerdo-Greg... ¡y olvídate de Stewart!

Irma

¡Era broma! ¡Puedes quedarte con tu cara-de-jabón! Desde hoy vuelvo a ser la vieja Corny, para alegría de mis amigas... ¡y de todos los chicos del Sheffield! ¡Adiós!

XXX

Vuestra Cornelia

capítulo **once**

A cada cual su estilo

«Dime cómo vistes y te diré quién eres.» ¿Será verdad? De hecho, nuestra manera de vestir dice mucho de nosotros, muestra a los demás cómo somos, y es obvio que una «chica-pija» produce un efecto muy distinto al de una «chica-urbana». Para ayudarte a saber cómo te ven los demás, he aquí una minigalería de «retratos psicológicos» relacionados con diferentes estilos. ¿Te identificas con alguno? Bien, entonces estás más informada sobre el efecto que produces. ¿No te identificas con ninguno? Entonces haz tu ficha personal; ¡tal vez inventes un nuevo estilo! ¿Y cómo lo llamarás? Por último, haz un experimento: intenta mezclar aspectos y estilos totalmente diferentes, es una manera de que no te cataloguen con demasiada facilidad... ¡y de divertirse un montón!

La romántica

Las flores son tu pasión, al igual que los colores pastel y los tejidos ligeros y vaporosos. En fin, tienes un estilo muy femenino, que a veces puede crearte algún problema: ¿qué pasa si un chico te invita a probar su nuevo **skate**? Por tanto, procura no excederte con los volantes; ¡podrían enredarse entre las ruedas!

NOTA: A menudo, quienes no te conocen pueden pensar que detrás de toda esa «dulzura» se esconde una chica tímida y poco decidida. De vez en cuando, por tanto, no dudes en enseñar músculos... ¡debajo de los volantes, obviamente!

La deportista

Tu lema es «comodidad». Zapatillas deportivas, sudaderas, chándales y, como mucho, unos vaqueros. Sin embargo, aunque fuera una vez, podrías complacer a tu madre y ponerte, si no «esa monísima falda azul», al menos algo más femenino..., ¡aunque sólo sea para dar una lección a todos los que piensan que tu **look** es algo «masculino»!

NOTA: Debido a tu estilo descuidado, los demás podrían pensar que no te hacen falta cumplidos. Si eso no te gusta, quítate alguna vez la máscara de «dura» y muestra tu lado más «delicado».

La alternativa

Eres alérgica a las modas y no entrarías en una boutique ni apuntándote con una pistola en la espalda. En compensación, te encantan los mercadillos y las tiendas de ropa usada, donde puedes pasar tardes enteras en busca de ese modelo que te aporta un aire de «me he puesto lo primero que he encontrado»..., ¡aunque sea exactamente lo contrario!

NOTA: Tu **look** informal puede dar la idea de que eres un poco «rebelde». Con tus amigos y compañeros de clase no hay problema, pero tus profesores y tus padres podrían mirarte mal... Tenlo presente... ¡Y estudia siempre para estar preparada cuando te pregunten en clase!

La esclava de la moda

¿Se lleva el rosa? Pues todo rosa, aunque hasta ayer decías que lo odiabas. ¿Vuelve la mini? Se acabaron las faldas de más de 30 centímetros de largo. Contigo no hay término medio: la moda es ley y hay que seguirla a toda costa..., aunque los pantalones de cintura bajísima te sienten fatal y los zapatos de punta te hagan daño. Poco importa, porque para ti ir a la moda es una necesidad; sólo así te sientes a gusto.

NOTA: Muchas personas cuidan especialmente su aspecto físico, pero se olvidan de todo lo demás (cariño, amistad, valores auténticos...). Si no eres así, no olvides hacerlo ver en seguida, demostrando que debajo de tu ropa de marca... ¡hay un corazón y un cerebro que funcionan a la perfección!

capítulo **doce**

Estilo W.I.T.C.H. a prueba

Como sabemos, Will & Co. tienen un *look* muy preciso, que refleja perfectamente la personalidad de cada una. ¿Pero qué sucedería si cambiaran de estilo?

Si Cornelia se cortara el pelo...

Cornelia está guapa de todas formas, pero cuando patina con su tutú azul celeste y su rubia melena al viento produce un efecto distinto. ¡Querida Corny, nosotras te preferimos con tu precioso pelo largo!

Toque habitual de Cornelia: minimochila (con cacao para labios en su interior) colgada de la cintura. ¡INSUPERABLE!

Si Will se convirtiera en una chica elegante...

No es la nueva suplente de matemáticas: es Will, que nos ha gastado una broma transformándose en una chica seria y elegante. ¡Pero no os preocupéis, nos ha prometido que jamás se vestirá así!

¿Qué os parece la versión con gafas «SEVENTIES»?

¡No está mal este «AIRE-DE-INTELECTUAL»!

En versión: «EN-REALIDAD-NO-LAS-NECESITO-PERO-ME-FAVORECEN»... ¡La magia de las gafas!

Si Taranee se volviera supermoderna...

Bueno, vestida así no desentonaría en las páginas de moda de una revista. Sin embargo, su estilo «agua y jabón» es mucho más «personal». Por eso, Taranee..., ¡piénsatelo dos veces antes de convertirte en una chica «a la última»!

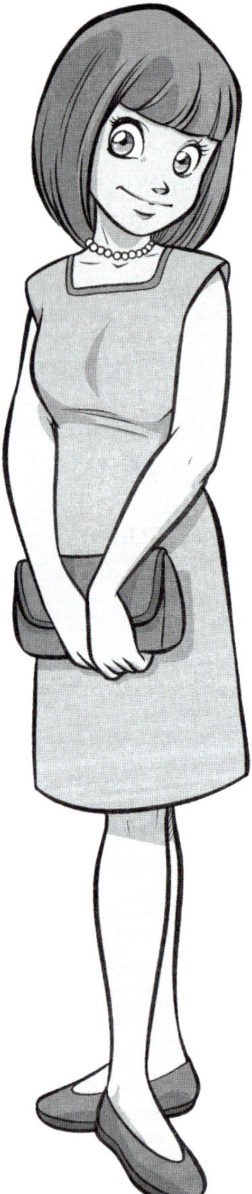

Si Irma se transformara en una chica «formal»...

Quizá su madre estaría encantada de verla por fin vestida de «señorita», pero nosotras no. ¡No es por nada, pero con una cara tan simpática como la suya no puede tener un estilo tan «encorsetado».

Quién lo iba a decir. Una sola cazadora vaquera vale por 100. ¡HAY QUE PROBAR!

Si Hay Lin abandonara sus coletitas y sus gafas...

¡Vaya, qué pinta tan agresiva! Quizá así parezca tener más carácter que con su estilo habitual. Aunque, en el fondo, hay que tener mucha personalidad para jugar con la ropa, como hace ella, ¡casi más que para esconderse detrás de un «estilo masculino»!

Naturalmente, están siempre fantásticas..., pero lo importante es que, más allá de la ropa, son siempre

¡100% W.I.T.C.H.!

capítulo **trece**

Curso acelerado de estilo

10 «prendas clave» que no pueden faltar

1 • Vaqueros.

No pueden faltar en el armario. Lavados o de *denim* muy oscuro, anchos o de pitillo, piratas o extralargos, son muy ponibles y combinan con casi todo: con zapatillas deportivas, botas o katiuscas en invierno; con sandalias, alpargatas o chanclas en verano. No hay que tirarlos; aunque se hayan quedado cortos, se pueden transformar en unas prácticas bermudas para el verano. Y si se rompen, todavía mejor: podrás personalizarlos con galones, bordados y parches multicolores.

2 • Pantalones de chándal.

De marca o no, de algodón cuando hace calor o acrílicos cuando hace frío, los pantalones de chándal se pueden llevar en cualquier ocasión (si tu madre te deja). Los de cintura baja, además, permiten hacer simpáticas combinaciones con camisetas y jerséis cortos. Un consejo: no al «total *sport*», o sea..., no al conjunto completo de chándal; demasiado «voy al gimnasio».

3 • Falda larga.

De *denim*, terciopelo, punto o lino, que llegue hasta los tobillos. Es una prenda que se presta para mil usos: ¡consigue que estés elegante sin hacer que parezcas una «anciana abuela»!

4 • Minifalda.

Ajustada o de vuelo, plisada o con bolsillos estilo militar, la minifalda resiste al paso del tiempo, reciclándose en formas siempre distintas. Es una prenda atrevida; aunque no tengas piernas de *top model*, la mini te dará un aire alegre y desenfadado.

5 • Gorro.

De lana y estilo grumete, de tela (tipo gorra) o de ganchillo, el gorro no sólo es un simpático complemento, ¡sino que puede convertirse en un auténtico aliado cuando no puedes domar tu pelo!

6 • Zapatillas deportivas.

Para verano e invierno, de algodón o impermeables, son, como los vaqueros, un artículo que no puede faltar en el armario de una chica. Naturalmente, las grandes marcas deportivas fabrican modelos fantásticos, pero también se pueden encontrar zapatillas maravillosas sin marca.

7 • Cazadora vaquera.

Azul clásico o de colores, sin forro o acolchada, con cuello de piel sintética o con bordados de colores brillantes..., las hay de todos los estilos. Lo importante es tener una y llevarla siempre con algo: faldas, pantalones, vestidos... Nunca cansa, y con el paso de los años y el uso resultará aún más bonita.

8 • Sudadera XL.

Suave y envolvente, es la prenda ideal para esos momentos en los que estás baja de moral y buscas un abrazo que te caliente el corazón. Y si está un poco descolorida, deformada o con rotos..., ¡llega a parecer una «vieja amiga»!

9 • Mochila.

Hay infinidad de modelos, el único problema es elegir.
Puedes hacer que te la firme una persona especial, a la que quieres «llevar» siempre contigo.

10 • Vestido.

Aunque pueda parecer un poco de «anciana», hay vestidos fantásticos; muy cómodos (no tienes que complicarte para combinar estilos y colores), una auténtica «salvación» en toda situación «formal» que se presente. Y si quieres que resulte más «informal», siempre puedes ponértelo con botas y una cazadora vaquera.

A la última

sin gastar demasiado dinero

• **Personalizar.**
Una camiseta blanca corriente (así como unos vaqueros, una bolsa o una sudadera) se puede convertir en una prenda «superestilosa» con unas tijeras, pinturas para tela, abalorios, lentejuelas y cintas. Sólo deja volar tu fantasía.
¡Y si eres hábil, puedes vendérselas a tus amigas!

• **Intercambio.**
En cada cambio de temporada solemos tirar ropa del año pasado. ¿Por qué no te pones de acuerdo con tus amigas, os reunís y os intercambiáis prendas que ya no os vais a poner?

• **Mercadillos.**
Comprar en un mercadillo es un arte, así que conviene aprender desde muy joven. Incluso en los puestos más destartalados se pueden hacer compras increíbles. Verás qué satisfacción produce encontrar la prenda que querías, y al alcance de tu bolsillo. Lo importante es ser paciente y contar con un buen guía, quizá con... ¡una madre!

• ***Outlet* y *stockhouse*.**
Los primeros son tiendas que las empresas de moda abren para vender las colecciones de la temporada anterior y las prendas con tara (con algún pequeño defecto de fábrica). Los *stockistas*, en cambio, son comerciantes que retiran las prendas no vendidas de las tiendas. ¡En ambos casos, se pueden hacer compras magníficas!

Una cabeza «adecuada»

Cómo elegir tu estilo de peinado

Si tienes la cara redonda

KO: pelo demasiado corto o excesivamente largo y cortado recto.

OK: flequillos no muy poblados, cortes escalados (ya se tenga el pelo largo o corto), siempre enmarcando la zona pómulos-ojos.

Si tienes la cara alargada

KO: flequillo, cola de caballo, pelo recogido o muy corto.

OK: la media melena ligeramente escalada, peinados con horquillas de colores y trencitas para dar movimiento.

Si tienes la cara en punta

KO: cortes demasiado irregulares y escalados.

OK: trenzas y coletas, melena muy larga, flequillo poblado (sólo si tienes la frente ancha y el pelo muy liso), casquetes «a la francesa».

Esa noche especial

¿Fiesta a la vista?
Algunas sugerencias para ir superespecial en una «gran ocasión»

Accesorios

No hace falta que «rompas la hucha» para ir especial a esa fiesta que tanto te apetece. Basta con unos accesorios y algo en el pelo. Un montón de pulseras en una muñeca, una cadenita en el tobillo y horquillas multicolor para ir superoriginal. ¡Y no te olvides de los pendientes!

Labios OK

El estilo natural es el que más te favorece. Si, aun así, quieres ponerte un toque distinto en los labios, prueba con el brillo, que aporta luminosidad a la sonrisa. Atención a la combinación correcta con tu color de piel: los tonos claros (del naranja al dorado) favorecen a las morenas, mientras que los fríos (como el lila o el plateado) son perfectos para las rubias.

Cutis perfecto

¿Quieres tener una piel luminosa y suave para esa ocasión especial? No abuses del sol... ¡ni del chocolate! Utiliza un tónico astringente y una crema hidratante suave. ¿Un truco? Ponte una mascarilla de zumo de naranja y manzana triturada durante 15 minutos.

¿OK o KO?

Muchos estilos... para todos los tipos

Cuerpo «de manzana».
Género: piernas delgadas, cintura ancha, tripita.

OK: pantalones de pernera estrecha, minifaldas, vestidos cortos, ajustados o amplios, camisetas anchas, chaquetas entalladas.

KO: pantalones bajos de cintura, faldas largas, camisetas cortas o *tops* que dejen ver la tripa.

Cuerpo «de pera».
Género: hombros estrechos, busto delgado, caderas anchas y piernas robustas.

OK: pantalones de cintura baja y pernera ancha, faldas fruncidas, camisetas cortas y *tops*, vestidos largos y sin entallar.

KO: bombachos, vaqueros ceñidos, minifaldas, sudaderas anchas, chaquetas entalladas.

Cuerpo «de colín».

Género: piernas muy delgadas, cintura y hombros muy estrechos.

OK: pantalones de pana, de cuero, de cuadros o de flores, leotardos de colores, minifaldas, vestidos ajustados, *tops*.

KO: pantalones anchos, vestidos largos y amplios, sudaderas holgadas.

Cuerpo «de hogaza».

Género: rellenita por doquier, con pocas curvas.

OK: pantalones de cintura baja y pernera ancha, faldas *evasé* o de corte asimétrico, chaquetas de punto o jerséis cortos puestos sobre camisas o blusas más largas.

KO: vestidos de punto ceñidos, jerséis de cuello cisne, pantalones «de pitillo», camisetas ajustadas.

Test
¿Cuánto te gusta ir a la moda?

Parte de la pregunta 1 y avanza hasta el número indicado por la respuesta que has elegido; ¡descubrirás si eres una víctima de la moda!

1

Tu color preferido es:

A El negro, que no se pasa de moda. (→ **2**)

B Pues... ¡te gustan todos! (→ **3**)

2

Cuando te compras ropa...

A Miras si es de marca. (→ **4**)

B Miras el precio. (→ **5**)

3

¿Qué haces cuando buscas ideas para vestir?

A Observas los escaparates de tu tienda preferida. (→ **5**)

B Te fijas en cómo se visten las chicas mayores. (→ **6**)

4

Nunca te pondrías:

A Un cinturón que no combine con el pasador del pelo. (→ **perfil A**)

B Unos zapatos comprados en el mercadillo. (→ **perfil B**)

5

¿Cuál es el regalo que pides a tus padres más a menudo?

A Gafas de sol de tu diseñador preferido. (→ **perfil C**)

B Dinero para comprarte lo que quieras. (→ **perfil D**)

6

¿Qué es lo primero que miras en un chico?

A Su manera de comportarse. (→ **perfil C**)

B El modelo de su ciclomotor. (→ **perfil D**)

Perfiles

Perfil A

La perfecta

Cuando hojeas una revista de moda no buscas inspiración, sino reglas claras e indiscutibles para aplicarlas al pie de la letra. Tu armario parece el ropero de un estudio fotográfico de moda; no hay nada «viejo», sólo montañas de ropa para todas las ocasiones, porque cuidas hasta el más mínimo detalle. Y, obviamente, ¡exageras! En fin, la moda es un juego para tomárselo a la ligera, no una lección de geometría

Perfil B

La estilosa

Los estilistas son tus gurús, y las marcas, tu obsesión. Esto te hace ser admirada (y a veces envidiada) por tus amigas, que desearían ser tan competentes como tú. De hecho, eres una verdadera experta y consigues captar detalles y matices... de los que nadie se percata. Es una lástima que con frecuencia sobrestimes el papel de la moda; para tener estilo no es suficiente ponerse solamente ropa «de marca».

Perfil C

La adaptable

Te gusta vestir bien y coquetear con la moda, pero si un día estás de mal humor te pones los primeros vaqueros que encuentras y te olvidas de mirarte al espejo. Algunos piensan que eres un poco lunática, pero en realidad tienes una relación serena y alegre con la moda, porque vestirse, para ti, sólo es una de las muchas maneras de comunicar tu personalidad y tu estado de ánimo. De hecho, tu estilo es absolutamente único. ¡Felicidades, sigue así!

Perfil D

La confundida

La moda te gusta, ¡y mucho! Pero es una lástima que, cuando se trata de vestirte, te bloquees fácilmente. Un día te imaginas deportiva y «masculina», y al siguiente prefieres una imagen delicada y femenina. Resultado: mucho caos, muchos complementos imposibles de combinar y mucho desorden en tu armario. Recuerda: no tiene nada de malo no haber encontrado aún tu estilo ideal, no te impacientes, ya verás cómo, con el tiempo, te conviertes exactamente en la chica que sueñas ser.

En esta colección

100 brujerías para hacer amigos

100 brujerías para guardar secretos

100 brujerías para sobrevivir a la escuela

100 brujerías para divertirse en grupo

100 brujerías para pasarlo bien de vacaciones

100 brujerías para conocer a los chicos

100 brujerías para entender a los padres

100 brujerías para mostrar tu temperamento

100 brujerías para llevarte bien con los hermanos

100 brujerías para encontrar tu propio estilo